titre original : *Je bent zomaar geen engeltje.*

Dépôt légal : septembre 1998.
Bibliothèque nationale.
ISBN 2-84455-012-6.

Exclusivité au Canada :

1815, avenue De Lorimier
Montréal (Québec)
H2K 3W6 Canada.
Dépôt légal : 3e trimestre 1998.
Bibliothèque nationale du Québec,
Bibliothèque nationale du Canada.
ISBN 2-89428-319-9.

Loi n° 49-956 du 16 juillet 1949
sur les publications destinées à la jeunesse.

Imprimé en CEE.

Une tête de cochon

D'après un texte de
Elle van Lieshout et Erik van Os
illustré par Leo Timmers
raconté en français par
M.-E. de Grave et E. Vert

L'élan vert • Hurtubise HMH

Table des matières

1. Mort de rire !

Maman et Théo sont à la boucherie.
« Je voudrais un rôti de porc d'un kilo, demande Maman.
– Un rôti de rien du tout ! lance Théo.
– Ne fais pas ta tête de cochon ! Théo. Le rôti de porc, c'est délicieux.
– Je ne mangerai pas de cochon !
– Si tout le monde pensait comme toi, remarque le boucher, je devrais fermer boutique.

– Laissez les cochons vivre
tranquilles, dit Théo.
– Tu aimes tant les porcs, petit ?
– Les cochons sont gentils.
– C'est vrai ! Ce sont
des animaux délicieux…
dans nos assiettes.
– C'est vous le porc ! riposte
Théo.
– Ça suffit, Théo ! s'écrie Maman
furieuse. Tu es impoli. »
Mais Théo continue
à interpeller le boucher :
« Au lieu de vendre du cochon,
vendez des céréales !
– Mais j'en vends des céréales !
s'esclaffe le boucher.
Que crois-tu que mangent
les porcs ? »
Sa plaisanterie
le fait éclater
de rire. De fous rires
en accès de toux,
il devient rouge.

Quant à Maman, elle pâlit.
« Ça va ? s'inquiète-t-elle.
Attention ! Vous risquez
de vous étouffer. »
Le boucher respire
difficilement.
Soudain,
on ne l'entend plus.
« Dis, Maman !
demande Théo.
C'est ça mourir
de rire ? »

2. Tu n'es pas un ange !

Le boucher ouvre les yeux et regarde autour de lui. Une douce lumière baigne un paysage nuageux.
« Où suis-je ? se demande-t-il. Voyons… J'étais dans ma boucherie. Je me tordais de rire. Oh, j'ai cru que j'allais mourir de rire !
– Tu ne crois pas si bien dire ! approuve une voix. Tu es mort de rire.

– Comment ça mort ? s’exclame
le boucher. Je dois rêver !
– Ce n’est pas un rêve ! répond la voix.
Tu viens de perdre une vie. »

Assis sur un nuage,
le boucher se gratte la tête :
« J'ai perdu une vie ?
Mais qui me parle ?
– Je n'ai pas de nom, dit la voix.
– Tout le monde porte un nom !
s'écrie le boucher. Tu l'as oublié ?
– Si tu y tiens, appelle-moi Jules. »
Voilà que je parle avec un fantôme
maintenant, pense le boucher.
Ou je rêve, ou je deviens fou.
« Bon, Jules !
Admettons que je sois mort.
Pourquoi ne suis-je pas devenu
un petit ange avec des ailes et…
– Pas si vite, Boucher !
l'interrompt Jules.
Avant de devenir un ange,
tu dois d'abord vivre
une autre vie sur Terre. »

Le boucher ne comprend pas
tout ce que lui a expliqué Jules.
Mais il est assez content.
« Changer de vie ! dit-il.
J'en ai souvent rêvé !
– Bonne chance ! souhaite Jules.
Allez ! Direction la Terre !

– Attends ! crie le boucher.
Tu ne m’as pas dit
ce que j’allais devenir. »
Soudain, le boucher
se sent rapetisser.
Ses oreilles s’allongent,
son nez s’aplatit.

Et il lui pousse une queue en tire-bouchon.
La transformation est terminée.
Boucher est devenu cochon.
Un porcelet va naître.

3. La vie en rose

Sur Terre, dans une ferme,
une truie vient de mettre bas.
Un adorable cochonnet
est couché près d’elle.
Le fermier regarde le nouveau-né.
À la vue du fermier, le petit
se réfugie sous sa mère
et tête goulûment.
« Mange ! dit le fermier
et tu deviendras beau et fort. »

Cochonnet boit et mange beaucoup.
Il engraisse très rapidement.
Mais il s'ennuie. Il regarde souvent
à travers la porte de son étable.
Il rêve de vivre en liberté
et de se rouler dans la boue.

Les semaines passent. Les cochons
du fermier sont maintenant bien gras.
La porcherie est devenue trop étroite
pour Cochonnet.
Et puis, arrive le grand jour.
Le fermier ouvre la porte de l’étable.
Des masses roses s’avancent péniblement
dans la cour. Cochonnet et ses frères
montent dans le camion qui les transporte
à l’abattoir. Ainsi va la vie
triste des cochons :
ils naissent,
engraissent
et vont
à l’abattoir.

4. Dans les nuages

Cochonnet se réveille dans les nuages.
« Où suis-je ? se demande-t-il.
– Tu es mort ! » dit Jules.
Mais Cochonnet ne semble pas l'entendre
et court déjà dans les nuages.
« Cochonnet ! reprend Jules.
Tu ne dois pas rester ici.
– Je ne peux donc pas être un ange ?

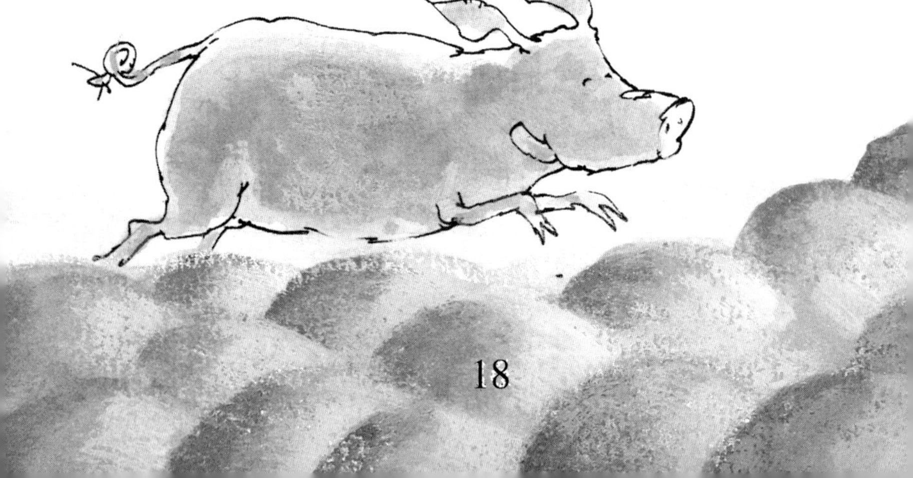

– Pas tout de suite, dit Jules. Il faut que tu retournes sur la Terre. Mais cette fois, tu choisiras qui tu veux devenir.
– Je n’ai pas d’idée, avoue Cochonnet.
– Veux-tu renaître en cochon ?
– Oh non ! Surtout pas en cochon ! Ni en fermier ! Et encore moins en boucher !
– Très bien ! dit la voix.
Tu t’appelleras donc Nicolas. »
Cochonnet ne sait pas qui est Nicolas, mais trouve que c’est un joli prénom.

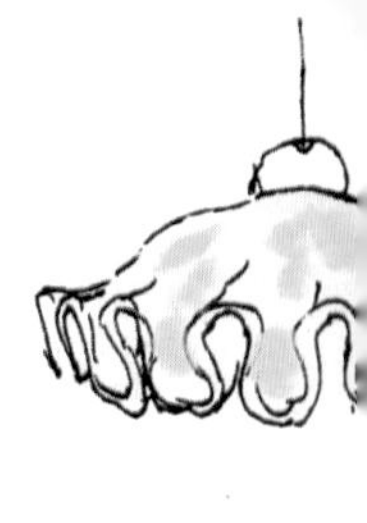

5. Le petit Nicolas

Nicolas et sa maman sont à la maternité.
C’est un beau bébé tout rose.
Maman berce doucement
son petit Nicolas.
« Un vrai petit ange ! » murmure-t-elle.

Des cris de bébé résonnent
dans la chambre. Nicolas a faim !
Maman lui donne aussitôt le sein
qu'il tête goulûment.
« Ne bois pas si vite ! Nicolas. »

Nicolas a beaucoup grandi.
Il va maintenant à l'école.
Ce midi, Maman a cuisiné un poulet.
Comme d'habitude, Nicolas mange
tous ses légumes, mais laisse la viande.
Nicolas n'aime pas la viande.
Comme d'habitude, Maman
tente de le convaincre :
« Pourquoi ne manges-tu pas ton poulet ?
Tu dois manger de la viande
si tu veux être grand et fort ! »
Mais justement, Nicolas
est devenu grand et fort
sans jamais manger
de viande.

6. Chez le boucher

Nicolas accompagne
Maman à la boucherie.
« Je voudrais deux tranches
de jambon, demande Maman.
– Deux tranches de rien du tout ! »
s'écrie Nicolas.
Étonné, le boucher regarde
Maman :
« Il n'aime pas la viande ce petit ?
Le jambon, c'est tellement bon !
– Je ne mangerai jamais
de cochon, affirme Nicolas.
Imaginez que vous soyez
transformé en cochon.
– Moi, un cochon ! Ah, Ah, Ah,
qu'il est drôle ce petit !
– Ne riez pas ! dit Nicolas.
Vous pourriez le devenir.
– Arrête petit !
Tu me fais tellement rire. »

C’en est trop pour le boucher. Il est pris
d’un fou rire qu’il ne peut maîtriser :
« Ah ! Ah ! Ah ! Ah ! Ah ! Un cochon !
Tu vas me faire mourir de rire ! »
Son visage devient tout rouge.
« Ça va ?
s’inquiète Maman.
Attention ! vous risquez
de vous étouffer.
– Ah ! Ah ! Aaaaaaaaah… »

Collection Étoile

Une poule à l'école

En route pour l'école, Théo rencontre Picotte, une petite poule perdue dans la foule. Théo installe Picotte sur sa bicyclette et l'emmène avec lui. Une poule à l'école, à la piscine, au supermarché, cela risque d'être drôle !

Le petit pont

Jules et Jim habitent de chaque côté du pont, un pont si petit qu'on ne peut le traverser à deux.
Aujourd'hui, Jules et Jim sont pressés et veulent franchir le pont en même temps. Qui passera le premier ? Aussi bête et têtu l'un que l'autre, Jules et Jim parviendront-ils à passer le pont ?

Le monstre gourmand

Les nuits de Gilles sont devenues des cauchemars ! Un monstre l'empêche de dormir et vide le réfrigérateur. Gilles a peur. Et personne ne croit à son histoire de monstre gourmand.

Le bric-à-brac de Jacques

Quelle pagaille chez Jacques ! Avec tout ce bric-à-brac, il n'a plus la place de bouger. Un grand ménage s'impose. Mais que faire de cette chaise, de ce vase, de ce vieux coffre et de ce tableau ?
Pour donner une nouvelle vie à ces objets, Jacques a bien des idées, mais....

Trois princes et une limace

Le vieux roi est malade. Le moment est venu pour lui de désigner un héritier au royaume. Lequel de ces trois princes ferait un bon successeur ? Le roi va tenter de les départager en les mettant à l'épreuve. Qui aurait pensé que leur sort dépendait d'une limace ?

Du rififi chez les poux

C'est la panique dans la famille Pou ! Un assaut de peigne et de shampooing antipou qui pique les oblige à trouver une meilleure cachette que les cheveux de Marie-Lou...

L'odyssée des deux amis

Paul et Jack sont de très bons amis. Ils décident de partir en randonnée. Sauront-ils affronter une rivière tumultueuse, une invasion d'insectes, des sommets vertigineux, une ville tentaculaire ?

Pas folle, la vache !

Ce matin, avant d'aller à l'école, Chloé rend visite à Marguerite, une jeune vache un peu folle. Au moment de partir, Chloé oublie de refermer la porte… et la vache prend la clé des champs.
Après maintes péripéties, Marguerite arrive devant l'école de Chloé…

Je veux un chien !

Dans une semaine, Sylvain aura huit ans. Il aimerait qu'on lui offre un chien. Ses parents n'en ont pas l'intention. Alors, il faut convaincre Grand-mère, mais elle lui tricote déjà un pull. Comment lui faire renoncer à son ouvrage ?

Une tête de cochon

Un jeune garçon qui ne veut pas manger de viande. Un boucher qui meurt de rire. Un cochon qui s'ennuie à la ferme. Un petit garçon qui n'aime pas la viande. Un boucher… Cette histoire ne se mordrait-elle pas la queue… en tire bouchon ?

Capitaine Charlie

« Non ! Je ne veux pas de chien à la maison ! » dit Maman à Léa en voyant Charlie, un chien abandonné. Léa décide alors de partir avec son nouvel ami. De trésor, en tempête, ce voyage leur réserve bien des surprises.

Heureux comme Ulysse

Ulysse, un bouc recueilli par Serge se plaint de vivre au milieu d'un fatras d'objets ramassés par son ami. Mais que faire de tout ce bric-à-brac ? Serge a une idée, pour rendre Ulysse heureux, et se met tout de suite au travail…